Bibliografische Information der Deutschen Nationalbibliothek:

Die Deutsche Bibliothek verzeichnet diese Publikation in der Deutschen National-
bibliografie; detaillierte bibliografische Daten sind im Internet über http://dnb.d-
nb.de/ abrufbar.

Dieses Werk sowie alle darin enthaltenen einzelnen Beiträge und Abbildungen
sind urheberrechtlich geschützt. Jede Verwertung, die nicht ausdrücklich vom
Urheberrechtsschutz zugelassen ist, bedarf der vorherigen Zustimmung des Verla-
ges. Das gilt insbesondere für Vervielfältigungen, Bearbeitungen, Übersetzungen,
Mikroverfilmungen, Auswertungen durch Datenbanken und für die Einspeicherung
und Verarbeitung in elektronische Systeme. Alle Rechte, auch die des auszugsweisen
Nachdrucks, der fotomechanischen Wiedergabe (einschließlich Mikrokopie) sowie
der Auswertung durch Datenbanken oder ähnliche Einrichtungen, vorbehalten.

Impressum:

Copyright © 2017 GRIN Verlag
Druck und Bindung: Books on Demand GmbH, Norderstedt Germany
ISBN: 9783668732742

Dieses Buch bei GRIN:

https://www.grin.com/document/429837

Tim Kilian

Datenkompression. Grundlagen und Kompressionsver-fahren

GRIN Verlag

GRIN - Your knowledge has value

Der GRIN Verlag publiziert seit 1998 wissenschaftliche Arbeiten von Studenten, Hochschullehrern und anderen Akademikern als eBook und gedrucktes Buch. Die Verlagswebsite www.grin.com ist die ideale Plattform zur Veröffentlichung von Hausarbeiten, Abschlussarbeiten, wissenschaftlichen Aufsätzen, Dissertationen und Fachbüchern.

Besuchen Sie uns im Internet:

http://www.grin.com/

http://www.facebook.com/grincom

http://www.twitter.com/grin_com

Kompression

Tim Kilian

Seminar „Effiziente Programmierung"
Arbeitsbereich Wissenschaftliches Rechnen
Fachbereich Informatik
Fakultät für Mathematik, Informatik und Naturwissenschaften
Universität Hamburg

Wintersemester 17/18

Inhaltsverzeichnis

1 Motivation

1.1 Was ist Datenkompression?

Unter Datenkompression, auch Datenkomprimierung genannt, versteht man ein Algorithmenpaar (Codec, engl.: Coder, Decoder), welches aus einem Kompressions- und einem Dekompressionsalgorithmus besteht. Der Kompressionsalgorithmus konstruiert für eine Eingabe X eine Repräsentation X_c, welche möglichst weniger Bits als X benötigt. Der Dekompressionsalgorithmus wiederum generiert für ein gegebenes X_c eine Rekonstruktion Y. Häufig liegen dabei beide Repräsentationen X und X_c in derselben Abstraktionsebene. Es gibt zwei Arten der Kompression, die verlustfreie und die verlustbehaftete Kompression, weshalb ein Algorithmenpaar entweder verlustfrei oder verlustbehaftet sein kann.

Definition 1.1 (verlustfrei, verlustbehaftet). *Sei X eine Eingabe und Y eine Rekonstruktion, so ist ein Datenkompressionschema verlustfrei, wenn $X = Y$ und verlustbehaftet, wenn $X \neq Y$ gilt.*

1.2 Warum wollt ihr etwas über Kompression erfahren?

Jeder, der das Internet oder einen Computer benutzt, verwendet bewusst oder unbewusst Komprimierungsverfahren. Denn Kompression ist überall! Wenn man beispielsweise eine Seite im Internet öffnet, ein digitales Bild betrachtet oder ein Video schaut wurde es höchstwahrscheinlich komprimiert. Bewusst geschieht dies meist, wenn man Daten archiviert um den Speicherverbrauch zu reduzieren. Unbewusst dann eher beim digitalen Fernsehen oder beim digitalen Rundfunk, um die Übertragungsraten zu senken. Ein natürliches Maß für die Qualität eines Komprimierungsschemas ist der Komprimierungsquotient (engl.: compression ratio), welcher das Verhältnis der Bit-Anzahl eines komprimierten Codes zur Bit-Anzahl des Originalcodes angibt.

Definition 1.2 (Kompressionsquotient, compression ratio, Kompressionsfaktor). *Seien X die Bits der Eingabe und X_c die Bits einer Repräsentation, so nennt man X_c/X Kompressionsquotient und den Kehrwert Kompressionsfaktor.*

Für eine gute Kompressionsqualität sollte man also versuchen, den Kompressionsfaktor möglichst groß zu bekommen. Leider ist die Verwendung der Begriffe Kompressionsquotient und Kompressionsfaktor in der Literatur uneinheitlich und wird oft einfach nur als compression ratio bezeichnet. Aus dem Zusammenhang sollte aber klar werden, welche Definition gemeint ist.

1.3 Wie kann man Daten komprimieren?

1.3.1 Verlustfreie Kompressionsverfahren (Redundanz)

Verlustfreie Techniken erlauben eine Reduktion der Datenmenge ohne Informationen zu verlieren, wodurch die originalen Daten vollständig durch eine

Dekompression wiederhergestellt werden können. Jedoch ist dies nur bedingt möglich, da Daten eigentlich nicht komprimierbar sind. Laut der Kolmogorov-Komplexität benötigt man nämlich jeden Bit um eine Bitfolge zu beschreiben, wodurch auch zufällige Bitfolgen nicht komprimierbar sind. Trotzdem funktioniert Datenkompression in der Praxis hervorragend, da menschlich erzeugte Informationen häufig Redundanz enthalten, die man beseitigen kann. Beispielsweise tauchen Buchstaben, Silben oder Wörter nicht mit der gleichen Wahrscheinlichkeit auf, wodurch sie durch Verwendung kürzerer Bitketten mit Wörterbüchern oder Verweise auf bereits vorkommende Sequenzen ersetzt werden können.

1.3.2 Verlustbehaftete Kompressionsverfahren (Irrelevanz)

In manchen Anwendungen ist der Verlust von Informationen jedoch kein bedeutendes Problem. So kann man beispielsweise Daten weglassen, die vom menschlichen Auge oder Ohr gar nicht wahrgenommen werden oder einfach mehrfach vorkommen. Die verlustbehaftete Kompression befasst sich mit solchen Techniken und entscheidet dabei, welche Daten redundant sind und verworfen werden können. Der Kompressionsfaktor ist dabei bedeutend höher als bei der verlustlosen Kompression. So kann eine Information so weit reduziert werden, bis nur noch ein Bit übrig ist. Während verlustlose Kompression seine Grenzen hat, ist verlustbehaftete Kompression immer möglich. Jedoch reicht zur Qualitätsmessung jetzt nicht nur der Vergleich des Kompressionsquotienten, es muss auch der Unterschied zwischen der Rekonstruktion und der Eingabe bewertet werden. Diesen Unterschied nennt man Verzerrung. Typische Verzerrungsmaße sind das quadratische Fehlermaß und das Betragsfehlermaß.

2 Grundbegriffe

Im folgenden wird der Fokus auf verlustfreie Kompressionsverfahren gelegt, welche mit dem Teilgebiet Codierung zusammenarbeiten um Redundanz zu vermeiden. Zunächst sind jedoch die Definitionen folgender Begriffe notwendig um ein grundlegendes Verständnis für die Codierung zu bekommen.

2.1 Entropie

Claude Elwood Shannon definierte das Maß der Informationen als

$$i(A) = \log_2 \left(\frac{1}{P(A)} \right) = -\log_2 \left(P(A) \right). \tag{1}$$

Das Verhalten des Informationsgehalts in Abhängigkeit zur Wahrscheinlichkeit P ist in Abbildung 1 grafisch dargestellt. Wenn ein Ereignis häufig vorkommt, dann enthält es nicht viel neue Informationen, wodurch der Informationsgehalt gering ist. Wenn es jedoch selten vorkommt, ist der Informationsgehalt sehr groß.

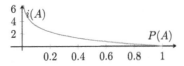

Abbildung 1: Das Maß der Informationen [LF11]

Die Entropie bezeichnet einen Erwartungswert $H(S)$ des Informationsgehalts und somit die mittlere Anzahl von Bits, um eine Nachricht zu codieren.

Definition 2.1 (Entropie). *Sei X eine Eingabe und $\Sigma = \{x_1, \ldots, x_n\}$ das Alphabet der Nachricht. Sei außerdem A_i ein Ereignis, dass das Symbol x_i vorkommt und $S = \{A_1, \ldots, A_n\}$ ein Menge aller Ereignisse der Symbole in Σ, so lautet der mittlere Informationsgehalt (Entropie) der Nachricht X*

$$H(S) = \sum_{A \in S} P(A) \cdot i(A) = - \sum_{A \in S} P(A) \cdot \log_2(P(A)). \quad (2)$$

2.2 Variable Codelänge

Definition 2.2 (Code). *Eine endliche Menge aller Codewörter.*

Mithilfe der Codewörter eines Codes codiert ein Anwendungsprogramm eine Informationsmenge in abstrakte Pakete von Bitfolgen und ergänzt diese durch Steuerinformationen. Das Ziel dieser Programme ist eine möglichst gute Codewortmenge zu finden um die Bitmenge zu senken.

Definition 2.3 (Blockcode). *Ein Code mit Codewörtern der selben Länge l.*

Blockcodes haben die Eigenschaft, dass sie leicht iterierbar sind. Das Lesen dieser kann somit leicht parallelisiert werden, wodurch sie besonders schnell dekodierbar sind. Um die Datenmenge zu minimieren, wollen wir jedoch die Codewortlänge an die Symbolhäufigkeit anpassen, sodass wir einen Code erhalten, der eine variable Codelänge hat. Häufige Symbole bekommen dabei kurze Codewörter und seltene Symbole längere Codewörter. Anders als bei Blockcodes, ist die Trennung zwischen Codewörtern jedoch nicht mehr durch Abzählen möglich. Dies führt zu einer deutlich langsameren Decodierung, wobei die Geschwindigkeit ein weiteres Maß der Qualität eines Kompressionsverfahrens definiert. Außerdem müssen die Codewörter eindeutig sein, damit sie trotz variabler Codelänge zugeordnet werden können.

2.3 Fano-Bedingung

Um einen Code mit variabler Codewortlänge zu unterscheiden, entwickelte Robert Fano eine Bedingung für sogenannte Präfixcodes.

3

Definition 2.4 (Präfix-Eigenschaft, Fano-Bedingung). *Kein Wort aus einem Code bildet den Anfang eines anderen Codeworts*

Mithilfe eines Präfixcodes lässt sich eine Nachricht eindeutig in ihre Codeworte zerlegen. Trennzeichen sind somit nicht erforderlich, da sich immer ein eindeutiges Ende ergibt. Insbesondere sind Blockcodes auch Präfixcodes. Um zu erkennen ob ein Präfixcode bei gegebener Schlüssellänge überhaupt existieren kann, liefert die Kraftsche Ungleichung eine notwendige und hinreichende Bedingung für die Existenz eines eindeutig dekodierbaren Codes, wobei jeder Präfixcode diese erfüllt.

Definition 2.5 (Satz von Kraft, Kraftsche Ungleichung). *Für die Existenz eines eindeutig dekodierbaren n-elementigen Codes mit Codelängen $l_1, \ldots, l_n$ über einen binären Zeichenvorrat Σ ist die folgende Ungleichung eine notwendige und hinreichende Bedingung.*

$$\sum_{i=1}^{n} \frac{1}{2^{l_i}} \leq 1 \qquad (3)$$

3 Codierung

Die Huffman-Codierung ist ein weit verbreitetes optimales Codierungsverfahren. Bevor wir uns diesem jedoch widmen, besprechen wir zunächst noch die Shannon- und die Shannon-Fano-Codierung. Diese sind nicht optimal, enthalten dafür interessante und nützliche Strategien für die Datenkompression.

3.1 Shannon Codierung

Sei $S = \{A_1, \ldots, A_n\}$ eine Ereignismenge und $P(A_i)$ deren Wahrscheinlichkeiten, so sortiere alle Ereignisse in S in absteigender Wahrscheinlichkeit, sodass $P(A_1) \geq \ldots \geq P(A_n)$ gilt. Definiere dann P_i als die Summe der wahrscheinlicheren Ereignisse.

$$P_i = \begin{cases} 0 & \text{, wenn } i = 0 \\ \sum_{j=1}^{i-1} P(A_j) & \text{, sonst} \end{cases} \qquad (4)$$

Sei außerdem $l_i = \lceil i(A_i) \rceil = \lceil -\log_2(P(A_i)) \rceil$, so ergibt sich der Code aus den abgelesenen l_i Bits der binären Repräsentation von P_i.

Beispiel 3.1. Sei $\Sigma = \{a, b, c, d, e\}$ ein Alphabet mit den Wahrscheinlichkeiten $P(a) = 0.15$, $P(b) = 0.15$, $P(c) = 0.4$, $P(d) = 0.15$ und $P(e) = 0.15$. So ergibt sich mit der Shannon Codierung folgende Tabelle.

i	A	$P(A)$	l_i	P_i	$(P_i)_2$	Code
0	c	0.4	2	0	0.0000...	00
1	a	0.15	3	0.4	0.0110...	011
2	b	0.15	3	0.55	0.1000...	100
3	d	0.15	3	0.7	0.1011...	101
4	e	0.15	3	0.85	0.1101...	110

Abbildung 2: Beispieltabelle der Shannon Codierung

Die Entropie $H(S) \approx 2.17095$ liegt dabei deutlich unter der mittleren Codewortlänge $L_S = 2.6$, weshalb der Code nicht optimal sein kann.

Beweis 3.2. *Der Shannon-Algorithmus generiert einen Präfixcode.* [LF11]
Sei $b_1 \ldots b_n = \frac{b_1}{2^1} + \ldots + \frac{b_n}{2^n}$ ein Codewort. Nach Konstruktion gilt $\log_2\left(\frac{1}{P(A_i)}\right) \leq l_i$, womit für jedes $j \geq i+1$ die Ungleichung $P_j - P_i \geq P_{i+1} - P_i = P(A_i) \geq \frac{1}{2^{l_i}}$ gilt. Da die Wahrscheinlichkeiten $P(A_1) \geq \ldots \geq P(A_n)$ absteigend sortiert vorliegen, gilt auch $l_1 \leq \ldots \leq l_n$. Angenommen es gibt ein $i < j$ und zwei Codewörter $b_1 \ldots b_{l_i}$ und $c_1 \ldots c_{l_j}$ mit $l_j \geq l_i$ und $b_1 = c_1, \ldots b_{l_i} = c_{l_i}$, so gilt $P_j - P_i = (\frac{b_1}{2^1} + \ldots + \frac{b_{l_i}}{2^{l_i}} + \frac{c_{l_i+1}}{2^{l_i+1}} + \ldots) - (\frac{b_1}{2^1} + \ldots + \frac{b_{l_i}}{2^{l_i}} + \frac{b_{l_i+1}}{2^{l_i+1}} + \ldots) < \frac{1}{2^{l_i}}$, also ein Widerspruch. $\square$

3.2 Shannon-Fano Codierung

Sei $S = \{A_1, \ldots, A_n\}$ eine Ereignismenge und $P(A_i)$ deren Wahrscheinlichkeiten, so sortiere die Ereignisse in S, sodass $P(A_1) \geq \ldots \geq P(A_n)$ gilt.

1. Starte mit einem Knoten V der alle sortierten Ereignisse enthält.

2. Falls $|V| = 1$ gebe den Knoten zurück

3. Teile den Knoten in V_1 und V_2, sodass

$$\sum_{A \in V_1} P(A) \approx \sum_{A \in V_2} P(A) \tag{5}$$

4. Starte den Algorithmus rekursiv mit $V = V_1$ und $V = V_2$

Die Knoten aus dem daraus resultierenden Binärbaums werden folglich traversiert und jedem linken Zweig eine 0 und jedem rechten Zweig eine 1 zugewiesen. Das Codewort kann dann von der Wurzel zum Blatt abgelesen werden.

Beispiel 3.3. Sei $\Sigma = \{a, b, c, d, e\}$ ein Alphabet mit den gleichen Wahrscheinlichkeiten wie zuvor $P(a) = 0.15$, $P(b) = 0.15$, $P(c) = 0.4$, $P(d) = 0.15$ und $P(e) = 0.15$. So entsteht nach Ausführung des Algorithmus folgender Binärbaum mit zugehöriger Tabelle.

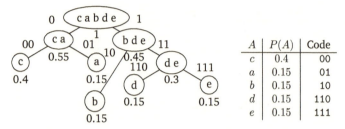

A	$P(A)$	Code
c	0.4	00
a	0.15	01
b	0.15	10
d	0.15	110
e	0.15	111

(a) Beispielgraph der Shannon-Fano-Codierung (b) Beispieltabelle der Shannon-Fano

Abbildung 3: Shannon-Fano-Codierung

Die mittlere Codewortlänge beträgt hierbei $L_F = 2.3$, was schon näher an der erwarteten Länge $H(S) \approx 2.17095$ liegt, jedoch noch nicht optimal ist.

Beweis 3.4. *Der Shannon-Fano-Algorithmus generiert einen Präfixcode.*
Nach der Konstruktion eines Binärbaumes ist der Code ein Präfixcode. □

3.3 Huffman Codierung

1. Starte mit einem Wald aus Bäumen, in dem jeder Baum ein Symbol darstellt und $w_i = P(A_i)$ das Gewicht des Baumes ist.

2. Wiederhole solange, bis der Wald nur noch aus einem Baum besteht:

   - Wähle zwei Bäume mit den kleinsten Gewichten w_1 und w_2.
   - Verbinde diese zu einem neuen Baum mit dem Gewicht $w_r = w_1 + w_2$.

Beispiel 3.5. Sei wieder $\Sigma = \{a, b, c, d, e\}$ ein Alphabet mit den gleichen Wahrscheinlichkeiten $P(a) = 0.15$, $P(b) = 0.15$, $P(c) = 0.4$, $P(d) = 0.15$ und $P(e) = 0.15$. So entsteht nach dem Algorithmus ein von den Blättern wachsender Binärbaum mit der zugehörigen Tabelle.

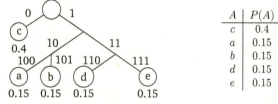

A	$P(A)$	Code
c	0.4	0
a	0.15	100
b	0.15	101
d	0.15	110
e	0.15	111

(a) Beispielgraph der Huffman-Codierung (b) Beispieltabelle der Huffman Codierung

Abbildung 4: Huffman Codierung

Nun mag man vermuten, dass der Code insgesamt schlechter ist, da die Summe der Bits im Code um ein Bit größer ist als die der Shannon-Fano-Codierung. Jedoch liegt der Code mit der mittleren Codewortlänge von $L_H = 2.2$ am nächsten an der Entropie $H(S) \approx 2.17095$ und kann auch nicht verbessert werden.

Beweis 3.6. *Die erwartete Codelänge der Huffman-Codierung ist optimal.* [Sa06] Um zu zeigen, dass der Huffman-Code optimal ist, zeigen wir die nötigen Bedingungen eines optimalen Codes mit variabler Codelänge.

1. *Seien A_i und A_j zwei Ereignisse und deren Wahrscheinlichkeiten $P(A_i) \geq P(A_j)$, so ist die Codewordlänge entsprechend $l_i \leq l_j$.*

   Sei c_1 ein Zeichen, dass häufiger vorkommt als ein Zeichen c_2 und gleichzeitig ein längeres Codewort besitzt, so ist die mittlere Codewortlänge größer, als wenn c_1 ein kürzeres Codewort besitzt. Somit kann der Code im ersteren Falle nicht optimal sein.

2. *Die beiden seltensten Ereignisse haben die gleiche Codewortlänge.*

   Angenommen es existiere ein optimaler Code C, wo die seltensten Ereignisse eine unterschiedliche Codewortlänge haben und das längere Codewort um k Bits länger ist als das Kürzere, so ist das kürzere Codewort nicht Präfix des Längeren, da es sich bei dem Code um ein Präfixcode handelt. Das bedeutet, wenn die k Bits vernachlässigt werden, sind die Codewörter immer noch disjunkt. Womit wir mit Weglassen der k Bits einen Code mit einer kürzeren Codewortlänge erhalten und somit der Code C nicht optimal sein kann.

3. *Jeder Knoten, mit Ausnahme der Blätter, muss in der Binärbaumrepräsentation immer zwei Kindknoten haben.*

   Angenommen es gäbe einen Knoten mit nur einem Kindknoten, so könnten wir ihn entfernen und würden einen Code mit einer kleinerer Codewortlänge bekommen.

4. *Entnimmt man einen Nichtblattknoten indem man das Alphabet reduziert, liefert der reduzierte Baum immer noch einen optimalen Code.*

   Angenommen die Aussage stimme nicht, so gäbe es einen anderen reduzierten Code, der eine kleinere mittlere Codewortlänge hätte. So könnte stattdessen dieser Code genommen werden, um ein Codewort erweitert werden und es gäbe einen kürzeren Code als den Vorherigen.

Die Huffman-Codierung erfüllt alle vier Eigenschaften eines optimalen Codes. Die Länge eines Huffman-Codes beträgt dabei nach der Kraftschen Ungleichung

$$H(S) \leq L_H \leq H(S) + 1. \tag{6}$$

$\square$

4 Kompressionsverfahren

Nun haben wir einige Wörterbuchmethoden kennengelernt und wollen uns ein paar Kompressionsverfahren anschauen. Zuvor aber noch das von Abraham Lempel und Jacob Ziv entwickelte LZ77-Verfahren, welches als erstes eine Wörterbuchcodierung entwickelt hat, welches nicht auf Zeichenebene, sondern mit Zeichensequenzen arbeitet. Danach folgen ein paar praktische Anwendungsbeispiele.

4.1 LZ77

Das LZ77-Verfahren arbeitet mit einem Gleitfenster, weshalb es auch als Gleitfensteralgorithmus bezeichnet wird. Das Gleitfenster besteht dabei aus zwei Teilen, einem Absuch-Puffer und einem Codier-Puffer. Der Absuch-Puffer enthält einen Suffix des Textes und einen Zeiger, der nach gleichen Sequenzen sucht. Der Codier-Puffer gibt an, was noch zu codieren ist. Die Eingabe des Verfahrens befindet sich zu Beginn im Codier-Puffer und wird wie folgt verarbeitet.

1. Verschiebe den Zeiger auf das erste Symbol von rechts im Absuch-Puffer. Setze $L = 0$ und S gleich dem ersten Symbol von links im Codier-Puffer.

2. Verschiebe den Zeiger im Absuch-Puffer so weit nach links, bis er das Zeichen an Stelle K findet, das gleich dem Startsymbol ist.

3. Wenn die Grenze im Puffer erreicht wurde, gib den Code (K, L, S) aus.

4. Setze L gleich der Länge der gleichzeitig gelesenen gleichen Zeichen vom Absuch- und Codier-Puffer und fahre mit $S = L + 1$ mit Schritt 2 fort.

Beispiel 4.1. Die Berechnung wird anhand der Zeichenkette $\boxed{\text{ababcabca}}$ veranschaulicht.

| | Absuch-Puffer | | | | | | | Codier-Puffer | | | | | |
i	6	5	4	3	2	1	0	1	2	3	4	Code
0							a	b	a	b	c	(0,0,a)
1						a	b	a	b	c	a	(0,0,b)
2					a	b	a	b	c	a	b	(2,2,c)
3		a	b	a	b	c	a	b	c	a		(3,3,a)
4	b	c	a	b	c	a						(-,-,-)

Abbildung 5: Beispiel LZ77

Im ersten und zweiten Schritt wurde keine gleiche Sequenz gefunden und das Zeichen a und b hinterher geschoben. Im dritten Schritt wurde an Stelle 2 die Sequenz ab der Länge 2 gefunden, hineingeschoben und zusätzlich c hinterhergeschoben. Im vierten Schritt wurde an Stelle 3 die Sequenz abc der Länge 3 gefunden, a hinterhergeschoben und der Algorithmus terminiert im nächsten Schritt, da die Eingabe vollständig abgearbeitet wurde.

8

4.2 Übersicht

- 1833–65 – Morse-Code
- 1883 – Forsyth-Edwards-Notation
- 1949 – Shannon-Fano-Codierung
- 1952 – Huffman-Codierung
- 1977–78 – LZ77, LZ78
- 1982 – LZSS (GZip, Zip)
- 1984 – LZW (TIFF, GIF)
- 1993–95 – Deflate, ZLib
- 2011 – LZ4, Snappy
- 2013 – Zopfli
- 2015 – Brotli

Abbildung 6: Zeitstrahl ausgewählter Kompressionsverfahren[1]

Die hier dargestellten Verfahren zeigen ein paar Meilensteine der Datenkompression. Der Zeitstrahl ist nicht vollständig, bietet aber einen groben Überblick über Verfahren aus der Bild-, Sprach-, Signal- und Textverarbeitung. Aus dem Strahl erkennen wir, dass die von Claude Shannon eingeführte Informationstheorie noch nicht so alt ist und durchaus noch Verbesserungspotential vorhanden ist.

4.2.1 Morse-Code

Ein frühes Beispiel der Datenkompression ist der Morse-Code, entwickelt von Samuel Morse um die 1833–1865. Er wurde genutzt um Buchstaben mittels kurzen und langen Signalen über einen Telegraphen zu versenden. Das Morse-Alphabet wies dabei wahrscheinlicheren Zeichen kurze Signale und seltenen Zeichen lange Signale zu. Das e wurde beispielsweise zu einem · und das q zu einem − − ·−.

4.2.2 Forsyth-Edwards-Notation (FEN)

Die FEN ist eine von David Forsyth und Steven Edwards entwickelte Kurznotation, mit welcher auf platzsparende Weise jede beliebige Schachstellung mit Lauflängenkodierung festgehalten werden kann. Die Notation wird heutzutage von vielen Schachprogrammen verwendet.

4.2.3 LZ78

Das LZ78 erschien ein Jahr nach dem LZ77 als nachfolgendes LZ-Verfahren. Dabei wird die Information über eine Zeichenfolge gespeichert und in einem Wörterbuch eingetragen. Zu Beginn ist das Wörterbuch leer und wird sukzessiv ergänzt, während der Ausgabecode generiert wird. Jeder Code hat das Format (i, k), wobei i der Index und k der Code eines einzelnen Zeichens ist. Um den

[1] `https://de.wikipedia.org/wiki/Datenkompression`

neuen Code zu generieren, findet der LZ78 im Eingabetext die längste Zeichenfolge ω, die schon im Wörterbuch gespeichert wurde und nimmt als i den Index für ω. Wenn ω leer ist, gilt $i = 0$. Dann liest der Algorithmus das nächste Zeichen Z und fügt ωZ dem Wörterbuch hinzu. Die Ausgabe lautet $(i, K(Z))$, wobei $K(Z)$ solange für das Zeichen Z steht, bis eine Zeichenfolge ωZ betrachtet wird und $K(Z)$ dann für den Index des entsprechenden Zeichen steht.

4.2.4 LZW

Der LZW, entwickelt 1984 von Terry Welch, ist eine Detailverbesserung des Lempel-Ziv-Algorithmus und wird häufig bei Grafikformaten wie GIF und TIFF eingesetzt. Der LZW gibt im Ausgabecode keinen Code für die Zeichen an und benutzt als Codewörter direkt die Indizes des Wörterbuches. Das Verfahren startet mit einem Wörterbuch, dass die einzelnen Standardzeichen enthält und fügt daraufhin immer wieder Wörter ins Wörterbuch ein.

4.2.5 LZSS, Deflate, ZLib

Der LZSS ist eine Variante des LZ77, welcher im Ausgabecode keinen Code für das nächste Zeichen angibt. Der Ausgabecode hat dabei eines der zwei Formate: (0,Offset,Länge) oder (1,Zeichen). Das Verfahren konstruiert typischerweise den Code des ersten Formats, wenn die Länge großer als 2 ist und kodiert sonst mit einem Zeichen. Der populäre Deflate-Algorithmus nutzt den LZSS als Hauptbestandteil und kombiniert diesen mit der Huffman-Codierung. Um die Weiterentwicklung des Deflates zu erleichtern, wurde zwei Jahre später die ZLib-Bibliothek als einheitliche Schnittstelle eingeführt, welche heutzutage aufgrund ihres geringen Speicherverbrauchs von hunderten Programmen genutzt wird.

4.2.6 LZ4

Bei dem LZ4 handelt es sich um einen verlustfreien Kompressionsalgorithmus, welcher auf eine hohe Kompressions- und Dekompressionsgeschwindigkeit ausgelegt ist. Die offizielle Webseite gibt hierzu eine Geschwindigkeit von 400 MB/s[2] pro Kern an. Er basiert auf dem LZ77 Verfahren und wird von dem Dateisystem ZFS zur On-the-fly-Kompression genutzt.

4.2.7 Snappy, Zopfli, Brotli

Besonders Google ist ebenfalls daran interessiert, Kompressionstechniken voranzutreiben um das Internet zu verbessern. Snappy ist beispielsweise darauf ausgelegt schnell zu sein, erhält jedoch Resultate, die 20% bis 100% größer sind. Google gibt dabei eine Kompressionsgeschwindigkeit von 250 MB/s und eine Dekompressionsgeschwindigkeit von 500 MB/ an[3]. Der Algorithmus ist in

---

[2]http://lz4.github.io/lz4/
[3]http://google.github.io/snappy/

C++ geschrieben und basiert auf einem LZ77 ähnlichen Verfahren. Die späteren Algorithmen Zopfli[4] und Brotli[5] sind nach einem Schweizer Gebäck benannt worden und sind für eine sehr gute, jedoch langsame Kompression ausgelegt. Sie werden üblicherweise für eine Einmalkompression verwendet um statische Inhalte wie Bilder, Schriftarten oder Software-Updates zu komprimieren. Es handelt sich dabei um einen verbesserten Deflate-Kodierer der auf Basis des LZ77-Verfahrens und der Huffman-Codierung arbeitet. Der Brotli besitzt ein vordefiniertes 120 kB großes Wörterbuch, wobei dieses Wörterbuch 13.000 Einträge der am meisten genutzten Ausdrücke in Text und HTML-Dokumenten enthält. Im Vergleich zum Deflate kann mit dem Brotli eine um 20% verbesserte Kompression erzielt werden. Die Verarbeitungsgeschwindigkeit bleibt hierbei ungefähr gleich.

4.3 Vergleich

4.3.1 Audio - ALS, FLAC, MP3, AAC, Dolby Digital

Um Audio zu komprimieren bieten sich die verlustfreien Kompressionsverfahren MPEG-4 Audio Lossless Coding (ALS) und Free Lossless Audio Codec (FLAC) und die verlustbehafteten MPEG Audio Layer 3 (MP3), Advanced Audio Coding (AAC) und Dolby AC3 (Dolby Digital) an, welche speziell an die Datenstruktur von Audiodaten angepasst sind. ALS und FLAC nutzen hauptsächlich arithmetische Codierungsverfahren (5.2) und eine Linear Predictive Codierung (LPC), wobei diese jedoch nicht die hohen Kompressionsraten erreichen können und ein Vielfaches der Dateigröße von verlustbehafteten Verfahren erreichen. Verlustbehaftete Komprimierungsverfahren lassen Frequenzen weg, die nicht vom menschlichen Ohr hörbar sind, wodurch die Datei von den meisten Personen nicht mehr vom Original unterscheidbar ist. Eine typische MP3-Audiodatei hat dabei eine Kompressionsrate von ca 10:1, wodurch die Musikindustrie in den 1990er Jahren Probleme mit Peer-to-Peer-Netzwerken bekam. Aufgrund der Abwärtskompatibilität, war der MP3 jedoch in seinem Aufbau eingeschränkt, wodurch der AAC eine qualitativ höherwertige Mehrkanal-Alternative des MP3 ist. Der MPEG-2 AAC basiert auf selbstenthaltenen Werkzeugen und Modulen, welche psychoakustische Modelle, Signalanalysen und Quantisierungs-Verfahren enthalten. Der MPEG-4 AAC fügt zusätzlich ein Rausch-Komprimierungsverfahren, Long-Term Vorhersagen und Technologien zur Codierung (TwinVQ, BSAC) hinzu. Anders als die MPEG Verfahren, wurde Dolby Digital zum Standard in der Filmbranche. Das Dolby AC3-Schema arbeitet ähnlich wie das von den MPEG-Verfahren, nutzt modifizierte Algorithmen und unterscheidet sich hauptsächlich in der Bit-Allokation.

---

[4]https://github.com/google/zopfli
[5]https://github.com/google/brotli

4.3.2 Bild - TIFF, BMP, JPEG, PNG, GIF

TIFF, BMP, JPEG, PNG, GIF gehören zu den gängigsten Dateitypen für Rastergrafiken, wobei TIFF vor allem in Verlagen, und BMP, JPEG, PNG und GIF typische Formate fürs Internet sind. BMP wird häufig zum Speichern von Bildern im Rohdatenformat mit RGB-Kanälen genutzt. TIFF unterstützt das CMYK-Farbmodell und kann hochaufgelöste Bilder in druckfähiger, verlustfreier Qualität zur Verfügung stellen, wobei die Dateigröße ein Vielfaches eines verlustbehafteten komprimierten JPEG-Bildes ist. Ein JPEG definiert verschiedene Untertypen, von denen nur wenige genutzt werden und ist weitverbreitet für fotoähnliche Bilder, da seine Dateigröße deutlich kleiner ist als die eines verlustfreien PNG, GIF Formats und der Unterschied mit bloßem Auge meist nicht erkennbar ist. Ein Vergleich in Abbildung 7.

(a) JPEG   (b) TIFF, BMP, PNG, GIF

Dateiformat	TIFF	BMP	JPG	PNG	GIF
Dateigröße	768 KB	768 KB	65 KB	180 KB	206 KB

(c) Tabelle der Dateigrößen

Abbildung 7: Lena[6]

JPEG ist jedoch, wie in Abbiddung 8 zu sehen, ungeeignet für Text und harte Farbübergänge. Das Bild verliert an Schärfe und ist größer als das eines PNGs oder GIFs.

(a) JPEG   (b) TIFF, BMP, PNG, GIF

Dateiformat	TIFF	BMP	JPG	PNG	GIF
Dateigröße	49 KB	49 KB	17 KB	6 KB	2 KB

(c) Tabelle der Dateigrößen

Abbildung 8: EP

---

[6]https://de.wikipedia.org/wiki/Lena_(Testbild)

5 Weiterführende Inhalte

Wer Lust hat sich weiter mit Kompression zu beschäftigen, dem empfiehlt sich ein Einblick in erweiterte Huffman-Codierungen, sowie arithmetische Codes und ein praxisorientiertes Selbststudium. Außerdem wird bei modernen Kompressionsverfahren versucht, mit maschinellem Lernen zu arbeiten um gewisse Bits wegzulassen, um diese dann beim Dekomprimieren vorherzusagen.

5.1 Adaptive Huffman-Codierung

Bei der adaptiven Huffman-Codierung handelt es sich um eine On-the-fly Codierung. Der Algorithmus beginnt mit einem bereits initialisiertem Wörterbuch, beispielsweise berechnet über die Wahrscheinlichkeitsverteilung der englischen Sprache und verwendet somit kein Speicherplatz für das Wörterbuch. Beim Codieren wird das Wörterbuch dann dynamisch mit den entsprechenden Statistiken aktualisiert. Dies ist besonders nützlich bei einer Online-Übertragung von Daten.

5.2 Arithmetische Codes

Für arithmetische Codes werden statt einzelner Symbole Folgen von Symbole betrachtet und diese dann codiert. Dabei wird für einen Text eine numerische Repräsentation berechnet und dann in einen binären Code umgewandelt. Der Vorteil dabei ist, dass jede Folge separat codiert werden kann. Vereinfacht kann man dies als folgendes zweistufiges Verfahren darstellen:

Folge der Symbole $\rightarrow$ Numerische Representation $\rightarrow$ Binärer Code

5.3 Calgary-Corpus[7]

Zur Kompression von englischen Texte verschiedener Art kann der Calgary-Corpus als Standard-Testsuite für Benchmarks verwendet werden. Er enthält eine Sammlung aus 2 Büchern, 5 Artikeln, 1 Literaturliste, 1 Sammlung von Zeitungsartikeln, 3 Programme, 1 Protokoll einer Sitzung am Computerterminal, 2 Binärcodes von Programmen, 1 geographische Datei und 1 Bit-Map eines Schwarz-Weiß-Bildes.

5.4 USC-SIPI Image Database Suite[8]

Die Universität South California bietet seit 1977 eine Sammlung von Testbildern an, die über die Jahre hinweg gesammelt wurden. Die Datenbank enthält verschiedene Arten von Bilden in den Auflösungen 256x256, 512x512 oder 1024x1024, welche frei zur Kompression genutzt werden können. Insbesondere

---

[7]http://www.data-compression.info/Corpora/CalgaryCorpus/
[8]http://sipi.usc.edu/database/database.php

auch das berühmte Bild des Playmates Lena (Abb. 7a,b). Die Farbbilder haben dabei eine Farbtiefe von 24 Bits/Pixel und Schwarz-Weiß-Bilder 8 Bits/Pixel.

5.5 Kodak Lossless True Color Image Suite[9]

Für hochauflösende Testbilder bietet Kodak verlustfreie Bilder in einer Farbtiefe von 24 Bits/Pixel frei zur Verfügung an, welche von vielen Seiten ebenfalls als Standard-Testbilder verwendet werden.

5.6 Hutter Prize[10]

Wer es schafft, die ersten 100 MB einer Version der englischen Wikipedia in weniger als 16 MB zu komprimieren, kann sich einen kleinen Betrag dazuverdienen. Denn wenn man einen Algorithmus findet, der dies in unter 8 Stunden schafft, so zahlt der Hutter-Prize ein Preisgeld von $\max(1\,500 \ €, 50\,000 \ € \cdot (1 - \frac{S}{L}))$ aus, wobei S die neue Dateigröße und L die vorherige Dateigröße ist.

---

[9]http://r0k.us/graphics/kodak/
[10]http://prize.hutter1.net/

6 Literatur

Weiterführend

[Sa06] Sayood, Khalid: Introduction to Data Compression, Morgan Kaufmann Publishers, 3. Auflage, 2006

[Da06] Dankmeier, Wilfried: Grundkurs Codierung, Vieweg, 3. Auflage, 2006

[LF11] Liskiewicz, Maciej; Fernau, Henning: Datenkompression, Universität Tier, SoSe 2011, https://www.uni-trier.de/fileadmin/fb4/prof/INF/TIN/Folien/DK/script.pdf, letzter Abruf am 17.01.2018

[Mä17] Mäder, Andreas: Codierung, Vorlesung zu Rechnerstrukturen, Kapitel 9, WiSe 17/18, https://tams.informatik.uni-hamburg.de/lectures/2017ws/vorlesung/rs/doc/rsWS17-09.pdf, letzter Abruf am 17.01.2018

Internetressourcen

- Datenkompression: https://de.wikipedia.org/wiki/Datenkompression, letzter Abruf am 17.01.2018

- Calgary-Corpus: http://www.data-compression.info/Corpora/CalgaryCorpus, letzter Abruf am 17.01.2018

- USC-SIPI: http://sipi.usc.edu/database/database.php, letzter Abruf am 17.01.2018

- LZ4: http://lz4.github.io/lz4/, letzter Abruf am 17.01.2018

- Kodak: http://r0k.us/graphics/kodak, letzter Abruf am 17.01.2018

- Hutter-Prize: http://prize.hutter1.net, letzter Abruf am 17.01.2018

- Snappy: http://google.github.io/snappy, letzter Abruf am 21.03.2018

- Zopfli: https://github.com/google/zopfli, letzter Abruf am 21.03.2018

- Brotli: https://github.com/google/brotli, letzter Abruf am 21.03.2018